Şimdinin ve geleceğin babaları,
Frol ve Jean için...

SEV Yayıncılık Eğitim ve Ticaret A.Ş.
bir Sağlık ve Eğitim Vakfı kuruluşudur.
Nuhkuyusu Cad., No. 197 Üsküdar İş Merkezi, Kat 3,
34664 Bağlarbaşı, Üsküdar, İstanbul
Tel.: (0216) 474 23 43 • Sertifika No. 45278

Babam Yanımdayken

Metin ve Resimler: © Soosh 2018
Kapak Çizimi: © Soosh 2018
Kapak Hakları: ©2018 Hachette Book Group, Inc.
Türkçe Çeviri: © 2018 SEV Yayıncılık Eğitim ve Ticaret A.Ş.
İngilizce baskısı 2018 yılında Hachette Book Group, Inc.'in bir markası olan
Little, Brown Books for Young Readers tarafından yayımlanmıştır.
Türkçe yayın hakları ONK Ajans aracılığıyla alınmıştır.

Yazan ve Resimleyen: Soosh
Özgün Adı: Dad By My Side
Çeviren: Cemre Ömürsuyu Seyis
Yayın Yönetmeni: S. Baha Sönmez
Editör: Burcu Ünsal Çeküç
Son Okuma: Gökçe Ateş Aytuğ
Kapak Tasarımı: Nicole Brown
Baskıya Hazırlayan: Hüseyin Vatan

Birinci Baskı: Mayıs 2018
On İkinci Baskı: Haziran 2021
ISBN: 978-605-2079-26-3

Telif yasası gereği bu kitabın tüm Türkçe yayın hakları
SEV Yayıncılık Eğitim ve Ticaret A.Ş.'ye aittir.
Tanıtım yazıları dışında, yayıncının yazılı izni olmaksızın
hiçbir biçimde kullanılamaz ve çoğaltılamaz.

Baskı: Fabrika Basım ve Ticaret Ltd. Şti.
Göztepe Mah., İnönü Cad., No. 74/A, Bağcılar, İstanbul
Tel.: (0212) 294 38 00 • Sertifika No. 47653

Babam Yanımdayken

Yazan ve Resimleyen: Soosh

Çeviren: Cemre Ömürsuyu Seyis

REDHOUSE kidz

Babamla birlikte
yapamayacağımız hiçbir şey yoktur.

Beni nasıl güldüreceğini iyi bilir.

Komik görünmekten çekinmez.

Ne kadar meşgul olursa olsun
bana hep zaman ayırır.

Birlikte yeni şeyler denemeye bayılırız.

Omletlerimizdeki yumurta kabukları
hiç canımızı sıkmaz.

Üzgün olduğumda beni teselli eder.

Ben de onun keyfini yerine getiririm.

Seyahate çıkması ikimizin de hoşuna gitmez.

Ama uzakta olduğunda bile
bana ninni söylemeyi unutmaz.

Eve izlerimizi bırakırız.

Bana yeni şeyler öğretir.

Ben de ona öğretirim.

Birbirimize sarılmayı çok severiz.

Bana her zaman yer açar.

Çok güzel hikâyeler anlatır.

Her odayı sıcacık yapar.

Beni yatağın altındaki canavarlardan korur.

Bana yardım eder.

Ben de ona yardım ederim.

Birlikte olduğumuz sürece ne yaptığımızın
çok da önemi yoktur.

Babam yanımdayken yıldızlara ulaşabilirim.

Yazarın Notu

Benim adım Soosh. Avrupa'da, artık var olmayan bir ülkede doğdum. Kendimi bildim bileli çiziyorum ve resim yapıyorum.

Baba-kız resimleri yapmak, hayatımın zor bir döneminde, kendimi kaybolmuş ve korumasız hissederken aklıma geldi. Herkes bana geleceğimle ilgili ciddi bir şeyler yapmamı söylüyordu, bense bir sonraki adımımın ne olacağından emin değildim. Sonra zihnimde bu baba, yani her şeyi mümkün kılabilen, kocaman, nazik ve sevgi dolu bir koruyucu canlandı.

Babayı özellikle büyük çizdim. Kızından çok daha büyük, çünkü küçük kız onu böyle görüyor; birçoğumuz kahramanlarımızı ya da ebeveynlerimizi böyle hayal ederiz. (Şanslıysak bu ikisi aynı kişidir.) Babanın sakalı aklıma eski zamanları, gücü ve dayanıklılığı getiriyor. O sizi koşulsuzca, nedensiz ve sonsuza dek sevmek için orada olan biri. Bu baba, oğlum için olabilmeyi umduğum ve oğlumun da bir gün kendi çocukları için olabilmesini umduğum türden bir figür.

Baba-kız koleksiyonundaki ilk birkaç resmi internette paylaştım ve gelen yorumlar beni şaşkına çevirdi. Dünyanın her yerinden, bu küçük aileyi kendi ailesine benzeten ve çizimlere devam etmem için bana ilham veren binlerce kişiden mesaj aldım. Sonunda, bir sonraki adımımı bulmuştum.